Inhalt

Strategische Allianzen - wann Unternehmen durch Kooperationen profitieren

Kernthesen

Beitrag

Fallbeispiele

Weiterführende Literatur

Impressum

Strategische Allianzen - wann Unternehmen durch Kooperationen profitieren

Michaela Dengl

Kernthesen

- Unternehmen haben die Vorteile von strategischen Kooperationen neu entdeckt.
- Strategische Allianzen werden häufig gebildet zum Knowhow-Transfer oder um spezifische Wettbewerbsvorteile zu kombinieren und so gemeinsam eine Marktposition zu besetzen, die für keine der beiden Parteien allein möglich gewesen wäre.
- Ein Risiko von Allianzen ist, dass sie einseitig aufgekündigt werden können.

- Klima- und Energiewandel begünstigen in den nächsten Jahren das Entstehen von branchenübergreifenden, strategischen Allianzen.

Beitrag

Strategische Allianz bringt Kooperationsvorteile

Eine strategische Kooperation oder Allianz bezeichnet eine langfristige Zusammenarbeit zweier Unternehmen, die in Abhängigkeit von den spezifischen Gegebenheiten mehr oder weniger eng ausfallen kann. Die Unternehmen bleiben im Rahmen einer strategischen Allianz zwar immer rechtlich unabhängig, die Kooperation kann aber über Joint Ventures oder wechselseitige Beteiligungen durchaus auch institutionalisiert werden. Ziel einer strategischen Allianz ist immer das gemeinsame Erreichen vorher festgelegter Ziele, die im Allgemeinen über einzelne Projekte konkretisiert werden. Häufige Motive strategischer Allianzen sind der Austausch von Knowhow und eine Verteilung der Risiken. Die kooperierenden Firmen stellen in einer strategischen Allianz unterschiedlichen Ressourcen zur Verfügung. Das können zum Beispiel Kapital, Produkte oder auch Expertise sein. Mögliche Ziele strategischer Allianzen sind die Eroberung neuer Märkte, die Entwicklung neuer Produkte oder auch einfach der Erhalt oder Ausbau einer bestimmten Wettbewerbsposition. Die potentiellen Kooperationsvorteile einer strategischen Allianz sollten gegenüber den individuellen Anstrengungen des einzelnen Unternehmens überwiegen. (1), (2)

Strategische Allianz kann Kundenfreundlichkeit erhöhen

Am erfolgreichsten sind strategische Allianzen dann, wenn dadurch auch für den Kunden ein wahrnehmbarer Vorteil entsteht. Meist besteht dieser darin, dass er ein "Rundum-Sorglos-Paket" erhält. Beispiele hierfür findet man häufig bei der Buchung von Reisen oder beim Autokauf. Viele Reisevermittler versorgen auch gleich mit den nötigen Reiseversicherungen, Autohändler bieten neben dem ursprünglichen Geschäft gleich noch die Finanzierung einer bestimmten Bank, ein Versicherungspaket und/oder die Mitgliedschaft in einem bestimmten Automobilclub. Der Kunde erhält so den Eindruck, dass alles aus einer Hand stammt. Dabei sind im Hintergrund in der Regel verschiedene Unternehmen aktiv, die gemeinsam eine strategische

Allianz eingegangen sind. Somit kann durch derartige Allianzen ein verbesserter Kundensupport entstehen. (3), (4)

Strategische Allianz nicht immer unproblematisch

Längerfristige Kooperationen müssen sich aufgrund von internen oder externen Faktoren immer wieder Veränderungen anpassen und erzeugen dadurch natürlich Abstimmungsaufwand. Der größte Nachteil strategischer Allianzen besteht allerdings darin, dass sie relativ schnell einseitig aufgekündigt werden können. Allianzen kommen oft gerade deswegen zustande, weil die Entschlossenheit zu einem echten Zusammenschluss nicht vorhanden ist. Nicht selten werden die doch unterschiedlichen Zielsetzungen der beteiligten Unternehmen nach einiger Zeit offenkundig und die Allianzen zerbrechen wieder. (5), (6)

Trends

Strategische Allianzen für Klimaschutz

Veränderte Anforderungen aufgrund von Klima- und Energiewandel forcieren Kooperationen von Unternehmen aus unterschiedlichen Branchen, um den Knowhow-Transfer zu optimieren und Kosten zu sparen. Viele Unternehmen setzen auf ganzheitliche Energiekonzepte für mehr Energieeffizienz und sind auf der Suche nach Kooperationspartner mit entsprechendem Knowhow. Auch gibt es immer mehr Unternehmen, die neue Wege gehen wollen, um regenerative Energien zu erschließen und den Energiewandel nachhaltig mitzugestalten. Nicht zuletzt der Themenkomplex der Elektromobilität wird hier die nächsten Jahre die Bildung strategischer Allianzen fördern, sei es zur gemeinsamen technischen Entwicklung von Antriebs- oder Ladetechnik, zur Schaffung einer entsprechenden Ladeinfrastruktur oder zur Gestaltung umfassender Mobilitätspakete. (7), (11)

Fallbeispiele

Strategische Allianz erhöht bei Mars Kundenzufriedenheit

Je nach Ausprägung kann sich im Rahmen einer strategischen Allianz ein Unternehmen auf die

Produktion und Vermarktung konzentrieren und bei Vertrieb und Logistik auf die Zusammenarbeit mit dem Kooperationspartner verlassen. Ein konkretes Beispiel für eine derartige Allianz lieferte aktuell der Mars-Konzern, der seine komplette Logistik ausgelagert hat und für seine Kooperationsoffensive in dem Zusammenhang bereits mit dem "European Award for Logistics Excellence ausgezeichnet wurde. Ein Ziel von Mars war, nachhaltiger zu arbeiten und bis zu einem Viertel der Logistikkosten einzusparen, gleichzeitig wollte man die Kundenzufriedenheit erhöhen. (2)

EWR und "The Mobility House" wollen Energiewandel voranbringen

Der Energiedienstleister EWR möchte gemeinsam mit "The Mobility House" für die Region Rheinhessen-Ried den Energiewandel voranbringen. Hierfür geht das Unternehmen EWR eine strategische Allianz mit "The Mobility House" ein. Zusammen wollen die Firmen ein Mobilitätspaket aus Elektroauto, Ladeinfrastruktur, Ökostrom und einen Zugang zu öffentlichen Ladesäulen anbieten. EWR kennt sich bereits mit Elektrofahrzeugen aus und besitzt schon 18 Fahrzeuge, die mit Strom fahren. Dazu gehören zwei- und viersitzige Pkws, aber auch Kleintransporter. Ziel ist es, bis Ende dieses Jahres zwischen dreißig und fünfzig Elektroautos im Straßenverkehr laufen zu lassen. Weiterhin ist geplant, die Infrastruktur soweit auszubauen, dass sogar Car-Sharing möglich ist. Ein Elektroauto kostet zurzeit etwa 36 0000 Euro und kann mit aufgeladenen Akku zwischen 100 und 150 Kilometer Weg zurücklegen. (7)

Siemens und Volvo kooperieren bei Elektromobilität

Siemens und Volvo beschlossen eine strategische Kooperation, die die gemeinsame technische Entwicklung von Elektroautos vorantreiben soll. Ziel soll die gemeinsame Weiterentwicklung von elektrischer Antriebstechnik, Leistungselektronik und Ladetechnik sein sowie die Integration der Systeme in die Fahrzeuge. Die ersten Fahrzeuge vom Typ Volvo C 30 Electric mit Siemens-Elektromotoren sollen bereits Ende 2011 zum Test bereitstehen. (11)

Strategische Allianz in der Kommunikationsbranche

Das Goldene Vlies, eine Agentur für Digital Branding ist eine strategische Allianz mit Wächter & Wächter Worldwide Partners eingegangen. Wächter & Wächter kann so die Online-Expertise vom Goldenen Vlies nutzen und diese profitieren im Gegenzug von der internationalen Anbindung der Agentur Wächter & Wächter. Besonders im B-to-B-Bereich soll die Zusammenarbeit langfristig profitabel sein. Die Zielgruppe sind dabei mittelständische Werbungtreibende. Zukünftig möchten die Agenturen ihre Allianz auch auf andere Sektoren wie B-to-C, Pharma, Employer und Internal Branding ausweiten. (8)

Capgemini und EMC beschließen Kooperation

Die Unternehmensberatung Capgemini und der Cloud Computing Spezialist EMC werden zukünftig ihren Kunden ein breiteres Portfolio an qualifizierten Beratungsleistungen anbieten können. Beide Unternehmen haben sich zu einer strategischen Allianz entschlossen. Die Beratungen suchen für die Kunden nach Cloud basierten IT-as-a-Service-Lösungen, die beim Kunden zu mehr Effizienz, Flexibilität und Kosteneinsparungen führen. Capgemini möchte dank der Zusammenarbeit zudem den weltweiten Ausbau des Cloud-basierten

Angebotsportfolios vorantreiben. Ein besonderes Augenmerk liegt dabei u.a. auf den Ländern Deutschland, Nordamerika, China, Brasilien, Großbritannien, Niederlande und Frankreich. Cloud Computing ist laut Experten ein weltweiter Wachstumsmarkt. Es wird erwartet, dass sich der Markt von ca. 41 Milliarden Dollar im Jahr 2011 auf mehr als 241 Milliarden Dollar im Jahr 2020 vergrößern wird. (9)

Strategische Allianz von Gildemeister und Mori Seiki als Erfolgsfaktor

Die Zusammenarbeit der Unternehmen Gildemeister und Mori Seiki war in der Vergangenheit so profitabel, dass sie weiterhin ausgebaut werden soll. Bereits jetzt wurde die Produktentwicklung gesteigert, der Einkauf organisiert und ein Netzwerk für die Entwicklung geschaffen. Zusätzlich hat man die Bereiche Vertrieb und Engineering zusammengelegt. Durch die Zusammenführung der Vertriebs- und Serviceaktivitäten, wurde der Service und der Kundensupport deutlich verbessert. Ziel ist es, die Kooperation europaweit auszuweiten. (4)

Krones AG und A&R-Carton gehen Allianz ein

Die Krones AG kooperiert ab sofort weltweit mit dem Unternehmen A&R-Carton. Damit arbeitet zukünftig der Spezialist für Getränkeverpackungs- und Abfülltechnik mit dem Faltschachtelhersteller A&R-Carton zusammen. Im Bereich Produktentwicklung sollen dabei beide Unternehmen profitieren. So sind Entwicklungsprojekte geplant und zusätzlich möchten sie sich gegenseitig im Forschungs- und Entwicklungsbereich helfen. Ziel ist es, Verpackungsmaschinen mit optimierten Werkzeugen und Verpackungen, die sich perfekt verarbeiten lassen zu entwickeln. (10)

Suzuki mit bestehender Allianz zu VW unzufrieden

Als Hauptnachteil strategischer Allianzen gilt Gefahr der einseitigen Aufkündigung der Kooperation. Diese Gefahr droht derzeit VW, weil der Autohersteller Suzuki nicht mit der bestehenden Kooperation zufrieden ist. Angeblich war der zu erwartende Technologietransfer wesentlich höher, als der tatsächliche. Während Suzuki dazu neigt, den

Kooperationsvertrag aufzuheben, möchte VW weiterhin mit dem japanischen Konzern zusammenarbeiten. Laut Experten ist VW bei der Entwicklung von Kleinstwagen auf Suzuki stark angewiesen und wird ohne die Japaner nur schwerlich seinen Marktanteil um 10 Prozent erhöhen können. (5),(6)

Weiterführende Literatur

(1) Toshiba erschließt schlaue Stromnetze Elektronikkonzern kauft Spezialisten für intelligente Zähler aus der Schweiz für 2,3 Mrd. Dollar
aus Financial Times Deutschland vom 20.05.2011, Seite 4

(2) „Kooperation braucht Mut"
aus LOGISTIK HEUTE, Heft 10/2011, S. 16-17

(3) Santander wird Volvo-Finanzpartner - Die ab 1. Januar 2012 gültige Kooperation umfasst Leasing, Absatzfinanzierung, Händlereinkaufsfinanzierung und Versicherungen. Der Wechsel vom bisherigen Dienstleister soll geräuschlos erfolgen.
aus AUTOHAUS Online vom 27.09.2011

(4) Kooperation stärkt Innovation DMG und Mori Seiki forcieren die Zusammenarbeit
aus MM MaschinenMarkt Nr. 752 vom 20.09.2011
Seite 001

(5) Suzuki kündigt Partnerschaft mit VW auf
aus Frankfurter Allgemeine Zeitung, 13.09.2011, Nr. 213, S. 18

(6) Russische Partner lassen BP hängen Allianz des Ölkonzerns mit Rosneft vor dem Aus // TNK-BP bricht Verhandlungen ab
aus Financial Times Deutschland vom 14.04.2011, Seite 3

(7) Aktiv für den Klimaschutz - KOOPERATION Energiedienstleister EWR und "Mobility House" setzen auf Strom-Antrieb
aus Wormser Zeitung vom 29.04.2011

(8) Strategische Allianz
aus Der Kontakter Nr. 30 vom 25.07.2011, S. 12

(9) Capgemini und EMC schließen weltweite strategische Allianz im Cloud-Bereich / Neue Cloud-basierte Lösungsangebote auf Basis von Capgeminis Dienstleistungen und EMCs Technologie
aus news aktuell, 2011-09-21

(10) Krones und A&R starten Kooperation
aus Lebensmittel Zeitung 37 vom 16.09.2011 Seite 047

(11) Elektromobilität Siemens entwickelt mit Volvo Elektroautos
aus www.elektrotechnik.de vom 01.09.2011

Impressum

Strategische Allianzen - wann Unternehmen durch Kooperationen profitieren

Bibliografische Information der deutschen Nationalbibliothek

Die Deutsche Nationalbibliothek verzeichnet diese Publikation in der deutschen Nationalbibliografie; detaillierte bibliografische Daten sind im Internet über http://dnb.d-nb.de abrufbar.

ISBN: 978-3-7379-1280-8

© 2015 GBI-Genios Deutsche Wirtschaftsdatenbank GmbH, Freischützstraße 96, 81927 München, www.genios.de

Alle Rechte vorbehalten. Dieses Werk ist einschließlich aller seiner Teile – z.B. Texte, Tabellen und Grafiken - urheberrechtlich geschützt. Jede Verwertung außerhalb der Grenzen des Urheberrechtsgesetzes bedarf der vorherigen Zustimmung des Verlags. Dies gilt insbesondere auch für auszugsweise Nachdrucke, fotomechanische

Vervielfältigungen (Fotokopie/Mikroskopie), Übersetzungen, Auswertungen durch Datenbanken oder ähnliche Einrichtungen und die Einspeicherung und Verarbeitung in elektronischen Systemen.